EXAMEN CRITIQUE

DE QUELQUES ARTICLES, DU

PROJET DE CONSTITUTION

PUBLIÉ PAR M. LAMENNAIS.

EXAMEN CRITIQUE

DE QUELQUES ARTICLES DU

PROJET DE CONSTITUTION

PUBLIÉ PAR M. LAMENNAIS.

PAR UN BELGE.

A Paris.

Chez tous les Libraires.

—

A Lille.

Chez F. BRACKE, Lib-Édit.

—

1848.

La réimpression est permise.

AU LECTEUR.

Si je croyais pouvoir critiquer tous les articles du projet de constitution de M. Lamennais, je tomberais à côté de ce célèbre abbé dans une grave et prétentieuse erreur : je supposerais qu'un seul homme pût rédiger les lois fondamentales d'un grand peuple. — L'Assemblée Nationale a jugé qu'il fallait dix-huit capacités spéciales pour faire le projet de constitution et elle a jugé très-sagement.

Je ne parlerai que de ce que je connais, de ce que l'expérience m'a appris et qu'une conviction raisonnée m'a fait mettre en principe. Je critique un très-petit nombre d'articles et je ne parle de quelques autres qu'en passant. — C'est surtout de ce qui a rapport à l'enseignement que j'ose parler et dont je crois devoir parler afin de prévenir les amis du bien public.

A M. LAMENNAIS.

L'expérience m'a appris, Monsieur l'abbé, quels sont les résultats d'une Constitution rédigée par des personnes auxquelles les affaires de ce monde n'appartiennent pas. Dans l'intérêt de mes frères, les Républicains français, je crois donc utile de faire un examen critique de quelques articles de votre projet de constitution qui vient de paraître: je le crois d'autant plus que cette pièce trahit des espérances qu'il convient de dévoîler.

Pour vous prouver, Monsieur, que vous ne me surprenez pas, je vais reproduire une lettre que j'ai adressée à plusieurs membres du Gouvernement provisoire, il y a plus de deux mois.

AUX MEMBRES DU GOUVERNEMENT PROVISOIRE,

A PARIS.

Citoyens,

Dévoué à la République française, quoique Belge, j'ai écrit le 11 et le 18 de ce mois au citoyen Lamartine, pour lui indiquer les précautions à prendre, afin d'éviter qu'il n'arrive en France ce qui s'est déjà passé en Belgique, pays que tant de français croient heureux, à cause d'une constitution qui leur semble parfaite, tandis que celle-ci n'est en réalité qu'une source de tourmente et d'abrutissement.

Dans la crainte que mes lettres aient été égarées, j'écris à plusieurs de vous. C'est pour vous prévenir, citoyens, qu'un parti exploitera la République française, si vous n'y mettez obstacle : il y introduira des éléments qui reporteront la France et ses peuples imitateurs vers les ténèbres du moyen âge. C'est ce qui m'afflige.

Au nom de l'humanité! écoutez-moi ; je m'explique :

Votre République est si poétique qu'elle ne voit pas la route que sa mère de 89 lui a tracée... Il ne suffit pas que la République française désarme les rois, elle doit aussi empêcher Rome d'asservir et d'exploiter les peuples. Il faut que des mesures soient prises pour refouler dans les églises le clergé et sa milice. — L'histoire nous apprend que la France n'a été grande que lorsqu'elle repoussait le joug de Rome. Aussi, les Français ont pour mission d'affranchir le monde de l'assujettissement que le Vatican italien et le Parlement anglais font peser sur lui.

Cette bonne République, trop crédule à force d'être vertueuse, accueille sans arrière-pensée les adulations d'un clergé jésuitique. D'abord par crainte, depuis par calcul, le clergé français se fit républicain officieux et le Pape, pendant qu'il pleure sur le sort des jésuites, sanctionne cette conduite.

Déjà, un grand nombre des plus adroits corrupteurs de l'intelligence humaine, de ces prédicateurs qui, comme un célèbre dominicain, dans la chaire de vérité, appellent la raison humaine, la fille de satan, s'offrent aux électeurs. — Citoyens, que sont, en général, vos trop nombreux électeurs? Ce ne sont pas des Républicains suffisamment éclairés; ce sont de bonnes gens qui se laisseront guider dans leur choix par vos ennemis et qui enverront à l'Assemblée nationale le plus éloquent jésuite et tous les hommes hostiles aux vrais principes philosophiques du républicanisme.

De tels représentants, dont le nombre peut vous écraser, demanderont la liberté comme en Belgique, s'ils ne demandent pas davantage... Cette liberté vous donnera des couvents par milliers, où les fortunes s'engouffreront. Comme dans tout pays catholique, cette liberté fera tomber l'instruction entre les mains des jésuites qui, comme en Belgique, en auront le monopole. Déjà, ils ont établi cinq cents couvents dans ce dernier pays où, par leur influence sur les électeurs, ils écartent des emplois et du parlement tous les hommes de progrès, tous les hommes qui ne secondent pas leurs vues usurpatrices et ambitieuses. — Toujours le clergé s'empare de l'enseignement pour le diriger de manière à perpétuer l'ignorance, élément de son existence, et à repousser les principes de liberté et d'émancipation intellectuelle. Cependant, l'enseignement appartient au gouvernement, qui doit instruire avant de pouvoir punir. L'enseignement forme la morale et celle-ci donne la mesure de la grandeur et même de la force d'une nation.

En 1830, le clergé belge, afin de pouvoir se débarrasser d'un roi qui le gênait et avec qui notre prospérité s'est en allée, fraternisa avec certains libéraux qu'il avait toujours eus en horreur. Son but atteint, il a quitté et repoussé ceux-ci; il a exploité la Belgique à son profit et cela en vertu de la liberté d'association et d'enseignement, qu'il avait fait insérer dans notre pacte social. Aujourd'hui, ce beau pays est totalement démoralisé; il est inondé par des flots de mendiants et tous les mois, il y meurt, par suite de la misère, des milliers d'individus, comme en Irlande et comme en plusieurs autres pays où le clergé domine.

Hé bien! citoyens, ces mêmes apôtres de la morale chrétienne vous accordent en France la même fraternité; mais je ne puis assez vous dire combien il est nécessaire de vous méfier de ces faux frères si prêts à arborer et à bénir les emblêmes de la liberté. Leurs principes et les vôtres ne s'accorderont jamais. Le clergé, comme le lierre, rampe au pied du chêne et ne pouvant se tenir debout, s'attache à celui-ci, sous prétexte de le soutenir, mais souvent il finit par faire périr l'arbre.

Les membres du clergé, partout et toujours les mêmes, sont des agents dangereux d'une puissance étrangère qui est intolérante par nécessité et usurpatrice par ambition; puissance pleine d'intrigues qui se suiciderait si elle changeait réellement de principes, si elle cessait d'entraver le développement de l'intelligence humaine. J'admets que les apôtres de la doctrine chrétienne ont de tous les temps propagé l'instruction. Mais quelle instruction? Celles de leurs frères ignorantins qui n'a d'autre but que d'amener de nouveaux tributaires au clergé et qui ne fait que de méchants fanatiques et de vils mendiants. Tant qu'il ne suffira pas au Pape, quelque libéral qu'il se montre, d'être souverain de ses états, vous verrez le Saint-Pontife étouffer la lumière et tourmenter le monde civilisé.

Il aurait été à désirer que le prêtre, moins citoyen français que soldat du souverain de Rome, n'eût ni le droit d'association ni le droit d'élection. Que ces apôtres qui promettent le ciel pour obtenir le monde, toujours intolérants par principes et par obéissance, restent dans leur église, que les fidèles les paient et qu'ils n'aient rien à faire dans l'enseignement. Seulement alors, on pourra résister à leurs empiétements.

La France possède peu de philosophes. Cependant tout édifice social qui n'est pas soutenu par la philosophie, s'écroulera prématurément. Aussi, tout peuple qui ne sera pas guidé par des principes philosophiques ne sera ni fort heureux ni fort grand.

Je vous engage donc, citoyens, à exclure, par un décret du gouvernement provisoire, les membres du clergé de la candidature à l'Assemblée nationale, pour le motif plausible qu'ils sont liés et subordonnés par serment à un souverain étranger, un des motifs pour lesquels ils ne sont jamais appelés à la défense de la patrie.

Le 31 Mars 1848.

EXAMEN CRITIQUE

de quelques articles

DU PROJET DE CONSTITUTION

PUBLIÉ PAR M. LAMENNAIS.

Voici les trois premières pages du projet de constitution de M. Lamennais:

« AU NOM DE DIEU,

» *En présence de l'humanité dans laquelle tous les peuples » sont solidairement unis, comme les membres d'un même » corps ;*

» LE PEUPLE FRANÇAIS *déclare qu'il reconnaît des droits et » des devoirs antérieurs et supérieurs à toutes les lois positives » et indépendantes d'elles.*

» *Ces droits et ces devoirs, directement émanés de Dieu, se » résument dans le triple dogme qu'expriment ces mots sacrés: » Egalité, Liberté, Fraternité.*

DE LA RÉPUBLIQUE.

» ART. 1er *La France est constituée en République démocra- » tique.*

» ART. 2. *La République française est une et indivisible.*

» ART. 3. *La souveraineté réside dans le peuple tout entier: » elle est une, indivisible, imprescriptible et inaliénable.*

» ART. 4. *La République est incompatible avec toutes » distinctions de classes: elle ne reconnaît que des citoyens fran- » çais, tous frères et égaux en droits.*

DE LA DIVISION DU TERRITOIRE.

» ART. 5. *Le territoire continental de la République est di- » visé en communes et départements.*

» Art. 6. *Chaque canton actuel forme une commune.*

» *La commune se divise en autant de sections que le canton* » *ancien renfermait de communes.*

» Art. 7. *Les colonies françaises sont parties intégrantes de* » *la République et soumises à la même loi constitutionnelle.* »

En Belgique, tout ce qui est favorable au clergé se fait au nom de Dieu. En France, on met le nom de Dieu en tête de la Constitution pour pouvoir y insérer certains articles dictés dans l'intérêt privé du clergé.

Par leur courage, les Français ont conquis la Liberté, par l'effet de leur civilisation, qui a adouci leurs mœurs, ils comprennent et désirent exercer l'Égalité et la Fraternité. Pourquoi alors ici des mots qui leur rappellent : « *Nous, par la grâce de Dieu, Roi de France, etc.* » si ce n'est pour préparer ce peuple à demander au souverain Pontife s'il lui plaira de permettre ou de défendre, au nom de Dieu, ce qu'il a jugé utile pour son bonheur temporel ? — Que le vicaire du Christ bénisse les armes des guerriers italiens, qu'il bénisse l'étendard des croisés polonais, qu'il envoie sa bénédiction pontificale à M. Lamennais, cela peut nous être indifférent, mais qu'un peuple libre, un peuple civilisateur se dispose à s'agenouiller servilement devant le trône papal, c'est ce que nous n'approuverons jamais.

Que les Français vénèrent les mots qui expriment l'esprit et les principes de leur République, Dieu sera content : le bonheur que nous ressentons après avoir agi fraternellement nous le dit. Mais ce qui ne convient pas, c'est de prodiguer inutilement le nom de l'Être-Suprême, et ce qui est inconséquent, c'est, après avoir conquis sa Liberté, de l'aliéner au profit du souverain Pontife de Rome qui, pendant tant de siècles, fit subir sa domination aux peuples. Une nation qui parle au nom de Dieu sera subjuguée et tourmentée au nom de Dieu.

Pour tous ces motifs et pour éviter des innovations inutiles, il conviendrait de remplacer la pieuse introduction et les sept premiers articles du projet de constitution de M. Lamennais par ce qui suit :

CONSTITUTION

de la

RÉPUBLIQUE FRANÇAISE.

RÉPUBLIQUE FRANÇAISE.

LIBERTÉ, ÉGALITÉ, FRATERNITÉ.

Par la volonté du peuple de Paris, la République française et ses principes de Liberté, Égalité, Fraternité ont été proclamés le 24 février 1848.

La République française et ses principes ont obtenu la sanction de tous les citoyens de la France et de ses colonies, par l'intermédiaire de leurs représentants réunis en Assemblée nationale à Paris, le 4 mai de la même année.

Les principes de Liberté, Égalité, Fraternité, consacrés par la République française, repoussent tout ce qui est contraire à la Liberté ainsi qu'à l'Égalité et ils demandent la Fraternité entre tous les peuples de la terre.

Le peuple français, usant de ses droits, déclare, par l'organe de l'Assemblée nationale, que sa Constitution est conçue dans les termes suivants :

DU TERRITOIRE ET DE SA DIVISION.

Art. 1er Le territoire comprend la France et ses colonies.

Art. 2. Les divisions actuelles du territoire continental de la France serviront de modèles pour celles de ses colonies.

Nous arrivons à la neuvième page du projet de constitution de M. Lamennais. Il y dit :

« Art. 16. *Tout citoyen a le droit d'enseigner, sous la sur-*
» *veillance de l'Etat.*

» Art. 17. *Tous les citoyens ont également le droit de s'as-*
» *socier et de s'assembler paisiblement et sans armes.* »

M. Lamennais réalise notre prévision : il veut que tout citoyen puisse enseigner et que les citoyens puissent s'associer librement. Sans doute, un éloquent Dominicain qui, il y a un mois, est allé consulter le chef des Jésuites belges, lui aura apporté de Bruges la formule des articles 16 et 17 du projet. Mgr. l'évêque et l'abbé de Foere qui a rédigé la Constitution belge, lui auront donné à cet égard toutes les instructions nécessaires pour réussir en France comme le clergé et les Jésuites ont réussi en Belgique.

Hé bien! que les représentants du peuple qui ont assisté à la messe du Saint-Esprit, ainsi que ceux qui n'ont pas la prévoyance nécessaire, accordent la Liberté de l'enseignement ainsi que celle de l'association, et on dira que la France est sauvée, que les prières publiques, ordonnées par Mgr. l'archevêque de Paris, ont été exaucées comme celles de nos évêques le furent dans le temps. Mais alors la France civilisatrice, l'espoir des peuples que son exemple a entraînés, ne tardera pas à avoir dans toutes les grandes localités des jésuitières déguisées pour s'emparer de l'enseignement; la France aura des Jésuites sous le nom de Frères de la doctrine chrétienne, comme à Toulouse où un criminel est regardé comme un saint martyr; où les femmes courent en foule pour obtenir une croix faite par la main de Léotade; où on voit la prison d'un misérable assiégée par des dames du premier rang. Sous prétexte de propager l'instruction, le clergé et les Jésuites masqués établiront des écoles pour les enfants des deux sexes dans toutes les communes de France, des colléges pour les garçons et encore de nouveaux pensionnats pour les filles dans toutes les villes et des universités catholiques dans les grandes cités, qui feront déserter, comme en Belgique, toutes les autres institutions semblables du pays. Les Jésuites et les membres du clergé, par leur influence sur les fidèles, exploiteront l'enseignement et dirigeront l'éducation d'après leurs vues ambitieuses et usurpatrices : dévouement à l'humanité, dévouement à la patrie, progrès, libéralisme, notions philosophiques, tout sera mis à l'index ; comme dans ce pays, la liberté de lire un ouvrage ou un journal sans autorisation préalable, enfin les plus innocentes libertés sociales seront condamnées.

Français, c'est un Belge qui vous le dit, si vous accordez la liberté de l'enseignement et celle de l'association sans restriction, votre République sera éclipsée ou elle tombera en ruines et vous retournerez vers l'esclavage ; votre exemple aura inutilement bouleversé l'Europe. Le despotisme monarchique avec l'obscurantisme catholique, son associé ordinaire et naturel, auront de nouveau le dessus.

Accordez une confiance entière aux hommes que vous avez investis du pouvoir exécutif; secondez les vues de ces laborieux républicains. Surtout protégez le développement de l'intelligence humaine. Il convient que le gouvernement s'occupe lui-même de l'instruction et qu'il ne permette pas qu'elle tombe, en la déclarant libre, entre les mains des obscurantistes. C'est contre ceux-ci qu'il faut prendre des précautions. — L'histoire est là. Sa dernière phrase n'est pas encore sèche : les catholiques romains, toujours associés avec les aristocrates et les monarchistes, ont depuis tant de siècles enchaîné les élans nobles et généreux de votre beau caractère.

La conduite de M. Lamartine vous a étonnés : ce cœur d'or, dans un enfant gâté de Dieu, vous paraissait trop constant dans ses attachements. C'est que tous, vous ne compreniez pas, comme M. Lamartine, que, pour sauver l'honneur et le bonheur de la France, il devait marcher de front avec les martyrs du républicanisme. C'est alors que M. Lamartine a posé l'acte le plus méritoire de sa vie politique. La postérité lui en tiendra toujours compte. Avouons tous que c'est cette alliance qui a marqué le premier instant de votre nouvelle ère républicaine et qui a anéanti la Sainte-Alliance. Avouons aussi que M. Lamartine, en conjurant le déluge de la crainte, a républicanisé la France et avec elle le monde entier.

Mais vous dites : Nous avons de la religion, nous voulons des prêtres. Je réponds : Celui qui vous offre le tribut de ses méditations n'a pas moins de religion que vous ; il respecte les prêtres, mais il demande qu'ils restent dans leur église et qu'ils ne se mêlent pas des affaires temporelles ; il demande qu'ils imitent le Christ, qui n'enseigna que la morale évangélique, qu'ils édifient l'homme par de bons exemples et qu'ils ne dépassent pas les limites que leur divin maître a tracées.

Citoyens, vous vous sentez édifiés. Vos hommes d'action ont porté l'image du Christ à l'église et ils ont fait bénir l'arbre de la liberté. Mais vous devez savoir que c'est l'esprit d'ordre qui a envoyé l'image du Christ à l'église et que ce sont les insinuations cléricales qui ont fait arroser l'arbre républicain d'eau bénite.

Français, vous nous dépassez en sentiments généreux : la cause en est que nous avons trop appris des espagnols et trop peu des français. Vous valez plus que les Belges parce que vous puisez à la source du torrent civilisateur qui est à Paris. La civilisation accompagne l'instruction lorsque celle-ci a été bien dirigée. Pour qu'elle soit bien dirigée dans toute la France, il faut que le gouvernement que vous allez organiser soit chargé exclusivement et sans intervention cléricale de l'enseignement.

Qu'il en soit de même pour l'organisation sociale. Il faut que les membres du clergé en soient écartés. Ils ne feront rien que dans leur intérêt privé. C'est dans ce but que le père André vient de publier sa feuille: pour allécher le public, il commence par des chansons patriotiques et la déclaration des droits de l'homme de 1793, tandis qu'il finit par tâcher de vous enrôler par un cathéchisme républicain dont le dernier paragraphe offre la croix du Christ affublée à la républicaine.

« Art. 24. *L'état doit l'instruction à tous les citoyens.*

Elle est gratuite à tous ses degrés.

Nous voudrions formuler ainsi le premier paragraphe de cet article du projet :

L'état doit l'instruction à tous les citoyens. Elle est confiée exclusivement au gouvernement qui seul en aura la direction.

« Art. 39. *L'élection des représentants du peuple français a « lieu par le suffrage universel et direct.* »

Et si toutes les élections, à l'avenir, se faisaient par les capacités ? Les électeurs, dépourvus de qualités nécessaires pour distinguer et choisir avec discernement, ne peuvent voter qu'en aveugles ou d'après des conseils qui, très-souvent, sont dictés par des sentiments qui ne devraient pas être écoutés.

« Art. 40. *Les assemblées électorales se composent de tous les « citoyens âgés de 21 ans accomplis, résidant dans la commune « depuis six mois, et non judiciairement privés ou suspendus de « l'exercice des droits civiques.* »

Il conviendrait de faire rentrer dans les exceptions portées par l'article 40 tous les ministres des cultes en fonction ou non et tous les membres des associations religieuses. Chez les membres du clergé, le devoir de citoyen s'efface devant celui de religieux.

« Art. 47. *La population est la seule base de la représenta- » tion nationale.* »

Si à l'avenir, on faisait représenter cent mille habitants par un seul représentant, on profiterait beaucoup en temps et en argent, et on aurait un personnel suffisant pour discuter et soigner les intérêts des commettants. De cette manière, il resterait plus d'hommes capables disséminés dans le pays où ils seraient réellement utiles. 900 représentants feront toujours une Assemblée monstre, peu capable de remplir convenablement ses fonctions.

« Art. 57. *Il reçoit une indemnité pécuniaire pendant la » durée de la session.*

« *Aucun représentant ne peut refuser cette indemnité.* »

On ferait bien de stipuler ici que les représentants du peuple paieront dix francs d'amende chaque fois qu'ils arriveront trop tard à la séance, et vingt francs lorsqu'ils n'y assisteront pas, à moins qu'ils n'aient obtenu une dispense préalable.

« Art. 71. *Elle* (l'Assemblée nationale) *ne peut délibérer, » si elle n'est composée de* 400 *membres au moins.* »

Mieux vaudrait dire : si elle n'est composée de la moitié des membres au moins.

« Art. 83. *La discussion sera ouverte après chaque lecture ; » néanmoins, après la première ou la deuxième lecture, l'As- » semblée nationale pourra décider qu'il y a lieu à l'ajourne- » ment, ou qu'il n'y a pas lieu à délibérer.*

« *Tout projet de loi doit être imprimé et distribué deux jours » avant la seconde lecture.*

« *Après la troisième lecture, l'Assemblée nationale décide s'il » y a lieu ou non à l'ajournement.*

« *Tout projet de loi qui, soumis à la discussion, aura été » rejeté après la troisième lecture, ne pourra être représenté » pendant la même session.* »

Il conviendrait que tout projet de loi fût imprimé et distribué cinq jours avant la seconde lecture, au lieu de deux jours, comme le porte l'article 83 du projet.

« Art. 87. *Les lois, les décrets, les jugements et tous les actes* » *publics sont intitulés : Egalité, Liberté, Fraternité. — Répu-* » *blique française. — Au nom du peuple Français.* »

Liberté, Egalité, Fraternité, étant des principes que la République française a consacrés, il conviendrait d'écrire d'abord République française et comme conséquence de celle-ci, placer après elle, les mots Liberté, Egalité, Fraternité, au lieu de les faire précéder.

« Art. 88. *Le pouvoir exécutif est délégué par le peuple* » *français à un seul qui a le nom de Président de la Répu-* « *blique Française.*

« Art. 91. *Le Président de la République est nommé pour* « *trois ans.*

« *Il reçoit un traitement annuel de* 500,000 fr. »

M. Lamartine a dit : « La France est révolutionnaire ou elle n'est rien. La révolution de 89, c'est sa religion politique. » Il a dit la vérité.

Le principe dominant de la religion politique du Républicain français, est l'égalité entre les citoyens. Pourquoi placer alors un citoyen tellement au-dessus des autres qu'il rappelle, par les attributions dont on l'investit imprudemment, par le traitement de 1,370 francs par jour qu'on lui destine, et par le rang qui en est le résultat, un régime que tout citoyen doive avoir en horreur ? Il y a ici de la part du clergé un calcul et un plan qui doivent être déjoués. L'art. 89 du projet de constitution de M. Lamennais est conçu en ces termes : « Le Président de la République française est nommé par le peuple entier, selon les mêmes formes que les représentants du peuple, et, comme eux, à la simple majorité relative. » N'est-il pas évident qu'en vertu de cet article, la caste cléricale, par son influence sur les masses, fera élire pour Président de la République, l'homme qui lui conviendra le plus, l'homme avec qui elle aura réglé d'avance les conditions de son élection, ou dont elle connaîtra les principes ou le côté faible? Un tel homme, placé sur les marches du trône, soutenu par une influence dont les effets surprennent tous ceux qui n'ont pas assez de pénétration pour les prévoir, serait toujours dangereux pour la cause de la liberté.

Le trafic électoral du clergé dont nous venons de parler, est mis en pratique en Belgique depuis dix-huit ans, où il fait le malheur du pays.

L'existence d'un président avec des attributions presque souveraines, déjà contraire au principe d'égalité, est aussi en opposition, sous d'autres rapports, avec l'essence de la République. Celle-ci réprouve un pouvoir aussi étendu, confié à une seule personne. Il est donc permis de demander pourquoi on voudrait confier le pouvoir exécutif à un seul homme, et le charger des intérêts de tant de millions de citoyens. Vous répondrez: Pour donner une direction libre et régulière aux affaires de l'Etat. Mais cette direction par un seul individu, n'est-elle pas contraire aux principes qui émanent d'une République? Et s'il en était autrement, ou s'il était permis d'être inconséquent, pourquoi demander ce qui fait constamment le malheur de toutes les grandes administrations?

Les rois qui étaient l'âme de leur ministère, et ceux qui ont trop de pouvoir, où sont les uns et où vont les autres? Les résultats de leurs idées personnelles, et ceux de leur libre arbitre ne sont-ils pas effroyables?

Examinons le passé et le présent des autres institutions : nous apprendrons à voir dans l'avenir, et nous nous apercevrons que tous les gouvernements, émanant d'une réunion d'intelligences, ont bravé le temps et bravent aujourd'hui les tempêtes. La cause en est fort simple. Un homme seul regarde ordinairement, dans son isolement, les objets d'un seul côté. Cet homme a ses idées, ses principes à lui; ses penchants sont plus ou moins passionnés, et il peut avoir des côtés faibles, que les intéressés et les intriguants exploitent toujours aux dépens d'un peuple trop confiant. Puis, la corruption : un homme abandonné à lui-même, dans une position si éminente et avec un pouvoir accablant pour lui comme pour ses commettants, résistera-t-il facilement aux séductions de toute nature, aux flatteries comme aux obsessions innombrables ? Quel mal ne peut-il pas faire? Quelle confiance aveugle, imprudente et dangereuse de la part de tout un peuple !

Après avoir indiqué les écueils, indiquons le port.

L'intérêt de la République demande que le pouvoir exécutif soit confié à dix consuls, nommés pour dix ans. Le premier élu sera Président pendant un an, sous le titre de Premier Consul. Les autres le seront à leur tour, suivant l'ordre de nomination. Ce changement annuel de Président, est nécessaire pour empêcher toute domination de sa part. Cette forme de gouvernement, dictée par la prudence, donnerait toute sécurité. Mais il est de toute nécessité que ces consuls soient nommés par les représentants du peuple, qui pourvoiront au remplacement de ceux qui auraient perdu leur confiance, comme de ceux qui quitteraient leurs fonctions. Tous ces remplacements devraient se faire pour dix ans, afin d'avoir constamment des hommes qui soient au fait et au courant des affaires.

Que ces consuls soient chargés du pouvoir exécutif. Que leurs opinions, en cas de partage, soient soumises au vote du conseil des ministres. Que ni les consuls ni les ministres ne votent par scrutin secret, et que leurs votes soient toujours consignés dans les procès-verbaux.

Enfin, que ces dix consuls restent peuple, comme les représentants, qu'ils n'habitent pas de Palais; mais qu'ils se réunissent, d'après le besoin, au Palais de la Nation, qu'on leur donne un traitement annuel de vingt-cinq mille francs, et le double de cette somme au Président.

D'après les principes de la République Française, les premiers dignitaires de l'Etat sont les Représentants du peuple, et le Président de l'Assemblée Nationale, qu'on renouvelle tous les deux ou trois ans, est le Président de la nation.

Montesquieu dit que l'esprit d'une république consiste dans la vertu. Elle consiste aussi dans l'économie, l'ordre et la simplicité. Il ne faut pas au fonctionnaire de costume de théâtre ni de palais.

« Art. 162. *L'impôt est progressif.* »

L'impôt progressif froisse l'égalité. Lorsqu'on établit un principe, on doit le respecter: ce mode de prélever les contributions, ferait qu'un systême l'emporterait sur un principe. Napoléon préférait les principes aux systêmes. Au surplus, ce qui est bien à considérer, c'est que l'impôt progressif étoufferait le luxe qui est le sang nourricier du corps social. Le luxe, cette contribution inexorable, est le balancier du mouvement social. D'ailleurs, citoyens, les pauvres riches sont ordinairement bien à plaindre : ils ont plus de misère, plus de soucis, plus de chagrins, et moins de bien-être, moins de repos, moins de plaisir que ceux qui sont dépourvus de richesses.

Dans l'intérêt même de la classe inférieure, employez d'autres moyens pour améliorer sa position.

Lille. — Typ. de F. BRACKE, rue des Chats-Bossus, 15.

www.ingramcontent.com/pod-product-compliance
Ingram Content Group UK Ltd.
Pitfield, Milton Keynes, MK11 3LW, UK
UKHW020548230726
13925UKWH00006B/2453